L'ARCHIPEL JAPONAIS

ET LA TARTARIE ORIENTALE.

Paris. — Imprimerie de Pommeret et Moreau, 17, quai des Augustins.

LETTRES

A M. LÉON DE ROSNY

SUR

L'ARCHIPEL JAPONAIS

ET LA TARTARIE ORIENTALE

PAR LE PÈRE L. FURET,

Missionnaire apostolique au Japon, de la Société des Missions étrangères,
membre correspondant de la Société orientale de France,
membre honoraire de la Société impériale zoologique d'acclimatation, de la Société de
Géographie, ancien professeur d'histoire naturelle au séminaire
de Précigné (diocèse du Mans), etc., etc.

PARIS

JUST ROUVIER,
ÉDITEUR DE LA REVUE DE L'ORIENT,
20, rue de l'École de Médecine.

DENTU,
LIBRAIRE-ÉDITEUR.
au Palais-Royal.

MDCCC LVII.

LE DÉTROIT DE MATSMAYÉ

(Nord du Japon).

LETTRE A M. L. LÉON DE ROSNY.

TING-HAÏ. — DÉTROIT DE SANGAR. — HAKODADI. — SES HABITANTS. — MATSMAYE. — LE GOUVERNEMENT JAPONAIS DEVANT LA FRANCE.

Baie de Barracouta, le 5 juin 1856.

Si ce n'est point abuser de vos moments et si vous ne craignez pas d'avoir froid, venez avec moi, nous voyagerons un peu dans le Nord. Je ne m'arrêterai pas à vous faire étudier l'archipel de Chousan, à l'est de la Chine, ni cette ville de Ting-haï dont les Anglais s'emparèrent en faisant un débarquement de quelques soldats qui prirent la ville par derrière, ce qui, du reste, fit dire aux Chinois que les Anglais ou *Cheveux-rouges* étaient des hommes qui n'avaient pas osé se présenter de face pour attaquer la grande porte du Sud. Je vous mentionnerai seulement la mort chrétienne d'un jeune enseigne, décédé sur *la Sybille*, et dont le corps fut déposé dans un terrain presque français, après avoir traversé, précédé de la croix et de prêtres en habits de chœur, cette ville qui ne devait pas même être ouverte au commerce. Le terrain en question se trouve sur une propriété achetée dernièrement par les missionnaires lazaristes et cultivée par des enfants abandonnés et élevés avec les deniers de l'association de la Sainte-Enfance.

Je n'entre donc dans aucun détail sur ce pays qui vous est déjà connu, ni sur Ning-po, plus connu encore que Ting-haï. Nous monterons de suite un peu plus haut, seulement vous me laisserez le temps de lire votre aimable lettre que je reçois à l'embouchure du *Yang-tse-kiang*, puis je vous raconterai de suite que le 20 juin nous nous trouvions sur une mer resserrée entre deux montagnes couvertes de neige. C'étaient d'un côté les monts du Japon, et de l'autre ceux de Yéso. La brise qui caressait les neiges en traversant les lieux les plus élevés, nous força à reprendre nos manteaux et à nous couvrir de plus en plus. Nous étions dans le *détroit de Sangar*, qui sépare la mer du Japon de l'Océan-Pacifique.

Dans la soirée même, nous jetions l'ancre dans le port d'*Hakodadi*. Cette ville, située à la pointe Est de la partie Sud de l'île Yéso, vous est déjà probablement connue. Vous avez sans doute vu dans les journaux comment M. de Maisonneuve, commandant de la frégate *la Sybille*, avait pu obtenir, grâce à son intelligente énergie en face des mandarins japonais, l'autorisation de déposer ses nombreux malades dans une grande pagode; vous aurez appris par la même voie que les Japonais avaient fourni des vivres à ces malades pendant plusieurs mois et que, pour la première fois, un aumônier français en surplis, précédé de la croix, avait paru dans les mers d'Hakodadi pour accompagner les morts à leur dernière demeure.

Hakodadi est une petite ville essentiellement commerçante par sa position sur le versant d'une montagne aride, sur une pointe sablonneuse et étroite qui regarde, d'un côté, la mer du Japon, et, de l'autre, l'Océan-Pacifique. Les jonques et les navires trouvent dans son port un très-bon abri. Tous les jours sa principale rue est remplie de mauvais chevaux ou de bœufs maigres, chargés de provisions. Le charbon de bois de cet endroit est surtout d'une qualité remarquable.

Les rues sont beaucoup plus larges que celles des villes chinoises; toutes sont sales, à l'exception de la principale qui peut avoir 10 à 12 mètres de largeur. Les maisons, en bois, ne sont pas belles ; les plus remarquables ont seulement un étage. Quelques-unes sont recouvertes de chaume, les autres de briques fixées à la charpente par des pierres plus ou moins pesantes qu'on y a superposé. Sur le pignon de ces maisons on aperçoit presque partout des seaux ou autres vases à large ouverture. J'avais entendu dire assez sérieusement que l'intention des Japonais était d'avoir ainsi un réservoir d'eau sur chaque maison, en cas d'incendie. Il n'en est rien, comme vous le pensez ; un réservoir de cette dimension serait ridicule, et d'ailleurs les Japonais d'Hakodadi ont un système de pompe pour arroser les rues, qui pourrait servir en cas d'incendie. Ces vases, ordinairement surmontés d'une espèce de balai ou d'une perche presque en forme de croix, m'intriguaient d'autant plus que je ne concevais pas bien comment les Japonais pouvaient les faire entrer comme simple ornement dans leur architecture. J'ai fini par découvrir que ces vases étaient ainsi placés pour la commodité des corbeaux et probablement aussi pour la propreté de la ville. J'ai vu des corbeaux, perchés sur ces manches à balai, descendre dans les vases et donner à manger à leurs petits. Les corbeaux, que l'on rencontre en grand nombre dans ce pays, y sont très-familiers; les marchands qui viennent à la ville, conduisant quelques chevaux ou des bœufs (ces derniers servent de bête de somme) doivent veiller à leurs sacs de provisions s'ils s'arrêtent quelque peu pour fumer la pipe, car sans cela ils seraient bientôt percés par ces corbeaux, qui ne manquent jamais de s'abattre sur les animaux abandonnés à eux-mêmes.

A peine avions-nous mouillés à quelques encâblures de la ville, qu'un envoyé du Gouverneur vint signifier à bord de *la* Virginie que toute communication avec la terre était interdite. Néanmoins, une heure après, des officiers autorisés par l'amiral Guérin descendaient dans la ville sans aucune opposition de la part des autorités et au grand plaisir de tous les habitants.

Pendant le temps que nous sommes restés dans le port d'Hakodadi, je suis descendu chaque jour, et je n'ai jamais rencontré que des figures bienveillantes. Les surveillants ou soldats eux-mêmes, lorsqu'ils pouvaient s'éloigner des regards de leurs chefs, étaient heureux de nous dire quelques mots japonais et de nous demander les mots français correspondants. L'un de ces soldats, à la mine éveillée et intelligente, parlait avec moi et mon confrère, habillé en laïque et nous écrivait sur sa main les mots que nous ne saisissions pas bien. Depuis plus d'un quart d'heure, il se réjouissait avec deux autres jeunes gens de pouvoir communiquer avec nous, lorsqu'il nous dit à part et sans remuer : « Nous ne pouvons plus vous parler, voici le *chien* (*baka*) ; c'était un vieux surveillant. J'eus le soin de me faire expliquer le mot *baka*, qui correspond parfaitement à cette expression française : « C'est un mauvais chien. »

Mon confrère avait pénétré dans une arrière-boutique sans avoir été remarqué par les soldats. L'un des jeunes gens de la boutique entra avec lui, le conduisit dans tous les appartements, lui servit de la nourriture et lui remit sous son manteau un Dictionnaire japonais-chinois sans vouloir en accepter le prix. Il lui recommanda seulement de bien le cacher, parce qu'il craignait d'être décapité si la police le découvrait ; il accepta un crayon et un petit couteau.

Partout nous rencontrions des hommes, des femmes, des enfants nous contemplant avec curiosité et sans crainte. J'ai vu, dans les maisons, les femmes mariées avec leurs sourcils rasés, et les jeunes filles s'approcher avec confiance et examiner nos habits, nos boutons et nos montres.

Il n'y a pas de luxe dans le costume des habitants; les femmes sont enveloppées dans une large robe qu'elles tiennent fermée par devant avec les mains, sans toutefois prendre beaucoup de soin pour éviter les rhumes de poitrines. Les hommes qui venaient des montagnes à la ville portaient un costume sale et pauvre, et des espèces de guêtres attestant qu'ils vivent dans des régions froides, même à la fin de mai. Les hommes de la ville, au moins ceux du peuple, sont dégoûtants; ils ne semblent prendre à tâche que de cacher leurs épaules; leur robe à peine fixée sur la poitrine voltige au gré du vent. D'ailleurs des témoins oculaires m'ont certifié que dans les bains, séparés du public par de simples rideaux qu'un souffle peut soulever, les hommes, les femmes et les enfants se lavent des pieds à la tête sans prendre la moindre précaution pour observer, sinon la modestie, au moins la décence.

Je n'ai pas eu assez de temps pour visiter la campagne et les montagnes voisines. Cependant le terrain doit être bon, à en juger par les gros arbres que j'ai aperçus, par le boisement magnifique de ces montagnes, et par quelques arbres fruitiers dont les fleurs commençaient à s'épanouir, tels que le pêcher, le prunier, le cerisier. Il y vient aussi des poiriers : nous avons acheté une grande quantité de poires ; elles étaient grosses, mais d'une qualité inférieure.

Après avoir quitté Hakodadi, où je ne suis malheureusement pas resté assez longtemps pour étudier les Japonais et leur langue, nous passâmes assez près de la ville de *Matsmaye*, capitale de l'île de Yéso. Elle est située à la pointe

Ouest de la partie méridionale de cette île. Elle nous a paru grande ; quelques monuments plus élevés que les autres maisons et entourés d'arbres, semblent indiquer quelques belles habitations et des jardins agréables.

Avant de quitter la baie de l'empereur Nicolas pour nous enfoncer davantage dans la Manche de Tartarie, permettez-moi quelques observations.

Le gouvernement japonais, exclusif et despotique de sa nature, dont l'orgueil incroyable avait été entretenu, nourri par ses relations antécédentes avec les puissances occidentales, sans en excepter la France, le gouvernement Japonais, dis-je, encouragé par les succès récents obtenus auprès des Anglais et des Américains en les faisant consentir à des traités humiliants (c'est ici l'opinion publique), désire vivement faire une négociation semblable avec la France, afin d'écarter en réalité de son pays et par voie de traité tous les étrangers qu'il croit avoir à redouter. De plus, il sait que la France est puissante : aussi, pour presser le traité qu'il désire, le gouvernement japonais refuse de recevoir de l'argent pour les vivres et les marchandises que les Français achètent. Dernièrement encore des provisions ont été achetées par les Français ; il y en avait pour quelques centaines de piastres : l'argent a été refusé, pour n'être réclamé qu'après la conclusion du traité.

A peine le premier interprète japonais *Namoura* avait-il rencontré le Commandant de *la Sybille*, qu'il le questionna sur la prise de Sévastopol et sur les navires que la France envoyait en Chine. Il lui demanda ensuite si bientôt la France ferait un traité avec le Japon. On voyait que cette question préoccupait singulièrement son gouvernement. Si quelqu'un a honoré son pays en face des Japonais, si quelqu'un a compris la politique à suivre dans l'extrême

Orient, c'est M. de Maisonneuve. La connaissance des choses, l'honneur de ma patrie et la reconnaissance personnelle me font un devoir de le dire hautement.

Pour apprécier ce qui suit, n'oublions pas, cher Monsieur, que tout ce qui est dit aux hommes officiels du gouvernement japonais, est scrupuleusement noté et expédié à Yédo.

Le Commandant de *la Sybille* répondit à Namoura : — Je ne sais quand la France voudra faire un traité avec le Japon ; mais quand notre grand empereur voudra traiter avec votre empereur, il lui fera un grand honneur ; car la France est infiniment plus riche, plus belle et plus puissante que le Japon, et il ne lui est pas nécessaire pour être heureuse de faire le commerce avec vous ; la France n'a pas besoin du Japon, tandis que le Japon pourra bien, dans peu, avoir besoin de l'influence de la France.

— Mais les Anglais et les Américains ont fait un traité avec nous, pourquoi ne feriez-vous pas de suite un traité semblable ?

— Jamais, jamais.... Je n'ai aucun pouvoir pour traiter ; je ne sais ce que ferait mon empereur et son gouvernement ; mais ce que je sais, c'est que jamais ils ne consentiront à faire un traité aussi humiliant.

L'impassible Japonais changea de figure.

— Je vous le dis encore une fois, lorsque la France traitera avec vous, vous devrez vous féliciter de cet honneur.

Deux jours après cet entretien, le Commandant refusait de recevoir un présent que le Gouverneur lui faisait remettre par deux officiers supérieurs, accompagnés de deux interprètes.

— Je ne peux accepter pour plusieurs raisons, dit-il. Le Gouverneur a fait rendre un petit cadeau fait à un de vos interprètes par un de mes officiers, ce qui m'a fait beaucoup de peine. Mon grand empereur me ferait des reproches si j'acceptais des présents d'un homme qui a fait à des Français l'injure de ne pas les traiter comme des amis. J'en suis fâché pour vous que je connais depuis un an, mais je n'accepterai pas. Lorsque je dirai dans mon pays comment les Japonais veulent exclure sans raison les Français de leur royaume, on les prendra pour des barbares, on voudra traiter avec vous comme avec des barbares, et j'en serai fâché pour vous que j'estime.

— Il est vrai, notre gouverneur de l'an dernier était bon et intelligent, tandis que celui que nous avons maintenant est mauvais et ne comprend pas les choses. A cause de nous qui vous aimons, qui avons mangé à votre table, nous vous en prions, acceptez.

— Non, je ne puis.

Ces conversations, dont j'ai été témoin auriculaire, peuvent vous donner une idée très-juste de la politique à suivre dans nos relations avec les Japonais. Puisse le jour n'être pas éloigné où l'empereur tournera ses regards vers des nations entières qui aspirent à la civilisation, impossible sans l'influence de la religion chrétienne : le Japon sera à moitié ouvert. Une petite escadre, avec la volonté puissante de Napoléon, verra aussitôt tomber devant elle, à l'applaudissement de tous les peuples, des Chinois et des Japonais eux-mêmes, des barrières que trop longtemps on a eu le malheur de croire infranchissables.

LA BAIE DU BARRACOUTA

(Tartarie orientale. — Manche de Tarakaï.)

(LETTRE A M. LÉON DE ROSNY.)

LA BAIE DU BARRACOUTA. — LA GUERRE ANGLO-FRANÇAISE ET RUSSE. — ASPECT GÉNÉRAL DU SOL. — CABANES TARTARES. — AMEUBLEMENT. — NOURRITURE. — CLIMAT. — VÉGÉTATION. — CERCUEILS TARTARES.

Mer du Japon, à bord de *la Virginie*, le 12 juillet 1856.

Avez-vous trouvé sur vos cartes la baie de laquelle ma dernière lettre était datée ? Je réponds pour vous avec assurance : non ; — et je m'empresse, pour n'être pas surpris une seconde fois par une occasion fugitive, de vous donner des éclaircissements sur sa position.

La *baie du Barracouta* ou *baie de l'empereur Nicolas* se trouve sur la côte de Tartarie, par 49° 1′ 50″ latit. N. et 137° 58′ 40″ long. E; elle serait à la place des îles *Prise* et *Bordelas*, qui n'existeraient alors que sur les cartes. Les Anglais, qui ne la connaissaient pas, y firent leur entrée le 11 mai dernier, sur le vapeur *le Barracouta*, de là son nouveau nom. Les Russes l'avaient déjà découverte et nommée baie de l'empereur Nicolas. Cette baie, dont l'entrée est facile, serait, dans l'opinion de nos vieux marins, la plus belle et la plus sûre de toutes celles qui leur sont connues. Partout il y a bon fond, partout les centaines de navires qui pourraient y être contenus seraient admirablement abrités. L'eau est loin d'être limpide ; sa couleur noirâtre, au contraire, atteste qu'une couche épaisse de vase formée par les détritus des végétaux, recouvre le fond. Il ne peut, du reste, en être autrement, attendu que le rivage est partout tellement garni de sapins, de mélèzes, de bouleaux, et d'aunes, qu'il est extrêmement difficile de marcher dans les bois qui offrent aux pieds un épais tapis de mousses de différente espèces et de couleurs variées, recouvert de milliers d'arbres tombés dans tous les sens.

On trouve dans ces parages de l'eau douce en si grande abondance que même, dans la partie voisine de la mer, l'eau n'est presque pas salée, tandis qu'elle est entièrement douce dans les différentes petites baies avancées dans les terres.

La morue, la plie, le hareng, le saumon et une autre espèce de poisson assez voisin de ce dernier et d'un goût plus délicat, sont assez abondants dans cette baie.

Le 1ᵉʳ juillet [1856], la baie du Barracouta retentissait des coups de canon français et anglais : ils nous annonçaient la paix et inauguraient pour nous un jour de fête. Si nous étions venus un an plus tôt, il n'en eût probablement pas été ainsi : les canons n'auraient plus annoncé la paix, ils auraient porté la mort et la dévastation sur le rivage et sur les navires français et anglais. C'est que les Russes occupaient la position qu'ils avaient fortifiée. Jetez les yeux sur le croquis ci-joint : à l'entrée de la baie Pallas à droite (n° 1) se trouve un rocher brisé, sur lequel les Russes avaient pu facilement installer deux obusiers et des tirailleurs. Plus loin, sur le même bord, nous avons visité les terrassements considérables d'une batterie de huit canons ; un four avait été construit dans cet endroit pour faire rougir les boulets. Des cabanes détruites avaient dû servir à abriter les pauvres Russes ; un monceau de misérables coquilles de différentes espèces semblaient attester encore qu'ils furent obligés de demander à la mer l'aumône de mauvais mollusques. Des fosses, au nombre de seize, surmontées d'une croix, redisent que la mort sait trouver les pauvres humains dans les déserts de Tartarie aussi bien qu'au sein de nos cités les plus peuplées. Les inscriptions attestent que, dès 1854, les Russes avaient visité cette magnifique baie. D'ailleurs, ils y sont restés assez longtemps pour sentir le besoin de se procurer quelques légumes, en cultivant un sol qu'il leur fallut d'abord défricher. Nous avons trouvé, en effet, sur la terre remuée et disposée en *planches*, des feuilles de chou à moitié pourries, quelques navets et des tiges de cucurbitacées desséchées, qui semblent indiquer la présence des Russes pendant des mois.

Après avoir passé le petit cours d'eau marqué sur le plan (n° 2), on arrive à une seconde batterie de 10 canons. Les épais talus de terre pouvaient défier bien des boulets. Outre ces deux batteries, une frégate russe de 60, *la Pallas*, devait être embossée entre ces deux batteries, à peu près à l'endroit où elle est notée sur le plan. Cette frégate a été brûlée en partie et coulée sur place. Pourquoi et comment cela s'est-il fait? Les Russes pourront nous l'apprendre, mais tout ce que nous savons, c'est qu'un navire ayant les dimensions d'une frégate a été coulé à l'endroit indiqué. Des plongeurs ont distingué les parties brûlées; une ligne de sonde a déterminé les dimensions de ce navire, dont certaines parties ont pu être arrachées : deux pistolets en bon état ont été retirés par un officier de *la Virginie*.

En regardant de la baie de la Pallas dans la direction n° 2, on découvre une autre baie y faisant suite, qui peut avoir de 2 à 3 milles de longueur, et dans laquelle il y a fond pour les navires. — Cette baie est elle-même suivie d'une autre qu'on n'aperçoit qu'à l'extrémité même de la seconde baie. Elle est peu profonde : un cours d'eau dans lequel on peut, à marée haute, remonter jusqu'à 5 ou 600 mètres, tend à la combler de plus en plus par la terre et les débris organiques qu'il charrie en abondance.

Dans toute cette partie de la baie, je n'ai rencontré aucune figure humaine : des canards, des hérons, des cormorans, et quelques autres oiseaux aquatiques ou de proie animaient seuls ce paysage, dont le fonds est formé par une chaîne de hautes montagnes éloignées de 20 à 30 milles de la baie.

En revenant vers la première entrée et faisant face au n° 3, on voit une immense baie s'étendant à 5 ou 6 milles : à droite et à gauche, elle est flanquée de plusieurs petites baies; les deux qui sont à gauche se font remarquer par leur grandeur et par l'abri qu'elles offrent de tous les côtés. Vers l'extrémité de cette longue baie, le fond diminue; puis, après avoir passé une *barre*, on retrouve 2 et 3 brasses d'eau dans une assez large rivière. En la remontant, on trouve de grandes plaines, ou plutôt de vastes terrains marécageux, au moins dans la saison comprise entre les mois de mai et de juillet.

La baie du Barracouta, qui serait si vivante à cause des avantages qu'elle présente en elle-même et des bois de mâture et de construction dont sont garnis les rivages, si elle était sous un climat moins rigoureux, n'est qu'un vaste labyrinthe dans lequel se perdent quelques pauvres cabanes habitées par des créatures misérables au type chinois. Je suis même porté à croire que ces quelques cabanes (j'en ai vu trois) n'existent pas toute l'année. C'est qu'en effet, j'ai rencontré deux emplacements sur le bord du rivage, toujours à côté d'un cours d'eau, recouverts de débris de cabanes brulées, ce qui me ferait penser que quelques Tartares viennent à une certaine époque pour pêcher et chasser l'ours et le caribou, puis qu'ils retournent ensuite dans les montagnes où se trouveraient quelques centres de populations. Les 12 à 15 crânes d'ours suspendus près d'une habitation[1], les débris de peau de l'animal que nos marins appellent *caribou* [2] témoignent au moins de l'existence de ces animaux dans ces parages.

Voulez-vous construire une cabane tartare pour la mettre à l'exposition prochaine, déterminez sur le terrain un rectangle de 2 ou 3 mètres de longueur sur 2 environ de largeur; placez pour fondements 2 ou 3 troncs de sapin ou de bouleau sur chaque côté; pour pignons 2 troncs d'arbres fourchus; pour ferme de la charpente un autre pied d'arbre reposant sur les pignons; puis prenez quelques dizaines de troncs d'arbre moins gros, posez-les sur les fondements qui servent alors de sablières, laissez-les reposer sur la ferme; recouvrez le tout (excepté un petit espace pour laisser échapper la fumée) avec de l'écorce de bouleau, et vous aurez un *palais tartare*. Le rectangle n'est pas tou-

---

[1] Quelques voyageurs nous ont parlé de têtes d'ours qu'ils avaient eu l'occasion de voir, à diverses reprises, suspendues à l'entrée des maisons des Aïno, dans l'île de Yéso. Le renseignement donné ici par le Père Furet nous porte à croire qu'il y a dans cette circonstance quelque coutume particulière à la race Aïno qui, comme l'on sait, s'est répandue non seulement dans Yéso, Karafto et les Kouriles, mais encore sur la côte orientale de Tartarie, dans le pays de Santan. — J. R.

[2] Espèce de renne sauvage dont on mange la chair. On rencontre une espèce de ce genre en très-grand nombre au Canada. — J. R.

jours régulier, de sorte que la cabane ressemble assez souvent à un cône.

L'ameublement est en parfaite harmonie avec le genre d'architecture à l'usage de ces pauvres nomades. Des arcs, des flèches, une ou deux petites haches grossières, quelques vases en écorce de bouleau, quelques peaux de chien, d'ours, ou de caribou pour servir de lit, voilà en quoi consiste le luxe des palais en question. Néanmoins ce sont des créatures humaines qui habitent dans ces cabanes! J'ai vu cinq personnes, dont deux hommes, un jeune garçon de quinze à seize ans, une femme et son petit enfant, n'ayant pas d'autre habitation que celle que je viens de décrire, et encore la partageaient-ils la nuit avec leurs nombreux chiens! Que les missionnaires ne peuvent-ils être partout, pour préparer au moins un avenir heureux à de pauvres créatures qui sont si mal partagées sur la terre!

Quelle est la nourriture de ces habitants? me direz-vous. Je n'en sais rien au juste : je sais seulement qu'ils font sécher du poisson et qu'ils mangent avec délices la tête du poisson cru.

Presque tous ces habitants portent des boucles d'oreilles en plomb, garnies d'une grosse perle jaunâtre ou rougeâtre, faite avec un vertèbre de poisson, si j'ai bien compris les signes de l'un des hommes. Leurs pirogues ne sont autre chose qu'un tronc d'arbre creusé.

Leur costume est d'une pauvreté et d'une saleté dégoûtante : ce sont des lambeaux de capote ou de toile qu'ils doivent, je pense, à la générosité des Russes ou des Anglais.

Lorsque nous arrivâmes, le 4 juin, pour la première fois dans cette baie, les neiges qui couvraient les montagnes, les glaces qui décoraient encore quelques parties du rivage ou qui formaient des espèces de *ponts souterrains* sur les ruisseaux que nous trouvions au milieu des bois, étaient des témoins incontestables de la rigueur et de la durée de l'hiver. Les glaçons des ravins avaient commencé à fondre : néanmoins beaucoup présentaient encore une épaisseur d'un à deux décimètres. La nature n'était pas riche en fleurs : des *violettes* jaunes, quelques pieds d'*anémones* à grande fleur, d'un brun sombre, des *corydalis*, à belles fleurs bleues ou roses, voilà les seules fleurs qui osaient braver une température de $+$ 6° 4'.

Le 19 juin, nous revîmes cette même baie; la nature y avait changé complétement d'aspect dans l'espace de quinze jours. La température était montée à une moyenne de $+$ 13°, 5' (du 19 au 24 juin) et de $+$ 16° (du 25 juin au 26 juillet). Les neiges étaient fondues, la glace ne se voyait plus que très-rarement dans les ruisseaux à l'ombre des bois; tandis que de nombreuses vipères venaient prendre place au soleil, sur les pierres argileuses du rivage. Dans une excursion le long de la mer, j'aperçus deux de ces reptiles que je crus reconnaître pour des vipères; afin de m'en assurer, j'en pris un que j'examinai à loisir. Il avait 0^m 67 cent. de longueur. Sa couleur, sa queue et ses crochets étaient bien ceux de la vipère de France. Quarante ou cinquante mètres plus loin j'en vis une troisième. Les officiers et les matelots en tuèrent quelques-unes.

La végétation avait fait des progrès, le vert tendre des feuilles de bouleau décorait admirablement les bords du rivage. Un *iris* nain, à jolie fleur bleue, tachée de jaune et pointillée de blanc; les *violettes* jaunes et bleues, la *potentille*, avec son bouton d'or, des liliacées, et plusieurs autres plantes semblaient s'être donné rendez-vous sur les coteaux pour faire diversion à l'aspect sombre des bois. L'une des liliacées était surtout remarquable ; sa tige, garnie de grandes feuilles lancéolées et divisées en une multitude de branches chargées de fleurs blanches par centaines, a le port de la *patience*. Je ne dois point passer sous silence une autre fleur si commune dans ces parages, qu'elle suffirait pour faire la fortune de quelque bouquetière parisienne : c'est le *muguet*. Outre les arbres déjà nommés, nous avons trouvé deux petits *chênes* en fleurs, ainsi qu'un arbrisseau bien connu, l'*épine-vinette*.

C'est en furetant dans les bois que j'ai découvert quatre grands cercueils de Tartares et un petit au milieu d'eux. Ces cercueils, placés dans le voisinage des cabanes brûlées et sur le bord du bois, reposent sur deux madriers (troncs d'arbres), de telle manière que la tête plus élevée que les pieds regarde du côté de la mer. J'ai observé plus tard la même disposition dans deux autres endroits. Ces cercueils étaient faits avec des planches peu épaisses, fixées par des tringles en bois, placées en travers, sur le dessus et verticalement aux deux extrémités. Le dessus est en outre recouvert d'une épaisse couche de mousse. L'un de ces cercueils déjà ancien était ouvert, l'intérieur ne présentait qu'une masse informe de débris gigantesques. Deux grandes plaques d'écorce de bouleau recouvraient encore les pieds, et des débris de plaques semblables annonçaient que le corps tout entier avait été recouvert de la même manière. Des lambeaux de vêtements étaient très-reconnaissables, un arc et des flèches à moitié pourris reposaient sur le côté gauche, et un ornement en pierre, d'un blanc jaunâtre et translucide (dont je vous envoie le dessin), reposait sur la poitrine. Quelques perles verdâtres attestaient qu'un collier avait aussi orné le cou du défunt.

Je ne sais quelle est la langue de ces habitants [1]. Ils n'ont compris ni le chinois, ni le japonais, ni la langue des habitants de la baie de Jonquières, sur la côte Ouest de Sakalien.

LA BAIE DE JONCQUIÈRES

(Côte occidentale de l'île Karafto ou Tarakaï.)

(LETTRE A M. LÉON DE ROSNY.)

BAIE DE CASTRIES. — HABITATIONS DE LA BAIE DE JONCQUIÈRES. — INDIGÈNES. — ASPECT GÉNÉRAL DU PAYS. — FORÊTS. — VÉGÉTAUX. — OISEAUX. — POISSONS. — FOSSILES. — GISEMENTS DE HOUILLE. — BAIE DE SAKA (TSOUSIMA). — CARACTÈRE DES JAPONAIS. — INCIDENTS DIVERS.

Baie de *Saka*, sur la côte Est de l'île Tsou-Sima, 27 juillet 1856.

Après avoir encore passé deux jours dans la baie de Barracouta, nous appareillâmes pour aller vers un poste qu'on disait être occupé et fortifié par les Russes. Nous naviguâmes tout près de ces mêmes côtes que nul Français n'avait visitées depuis Lapeyrouse. Nous ne reconnûmes aucun centre de population. Nous avons seulement distin-

---

[1] Ce doit être vraisemblablement la langue des *Santan* ou *Sandan*, indigènes de la côte orientale de Tartarie, sur la rive droite du fleuve *Mankô* ou Amour. Telle est du moins l'élucidation que propose, quant à présent, M. Léon de Rosny, qui a donné quelques mots de cet idiome dans son *Introduction à l'étude de la langue japonaise*, pag. 3, d'après un mémoire de M. von Siebold, inséré dans les *Verhandelingen van het Bataviaasch Genootschap*. — J. R.

gué quatre ou cinq cabanes, en forme de cône, dans une baie dite *de la Destitution.*

Le 9 juin, les deux frégates françaises entraient, malgré la brume fréquente dans ces parages, et sans hésiter, dans la *baie de Castries* (LAT. 51° 21′ N.; — LONG. 139° 39′ E.) et allaient mouiller dans le lieu même où les navires de Lapeyrouse avaient jeté l'ancre, c'est-à-dire à quelques centaines de toises du rivage et des îlots qui sont dans la baie. Un petit brick, avec pavillon américain, y était à l'ancre. Il était venu de San-Francisco, disait le capitaine, pour vendre des vivres aux Russes qui, selon lui, se trouvaient nombreux et bien fortifiés sur ce point. Les assertions de ce capitaine ne furent pas crues : bien plus, nous pensâmes que lui et son brick étaient russes...

Le 10 juin, un officier russe vint avec le pavillon parlementaire à bord de *la Virginie.* Il fut parfaitement reçu. Pour remercier les officiers de leur bon accueil, il leur témoigna le regret qu'il avait de n'avoir pas reçu la nouvelle de la paix sur laquelle il comptait, afin de les inviter à venir visiter leur établissement. Dans l'incertitude de la paix ou de la guerre, il pria l'amiral Guérin de ne pas laisser aller les embarcations dans telles directions de *leurs fortifications*, qui furent *toujours* et *partout* invisibles pour nous, même avec les meilleures lunettes.

Le 12 juin nous étions dans la *baie de Jonquières* sur la côte Ouest de l'île Sakalien (LAT., 54° 28′ N.; — LONG., 138° 52′ E.). Nous trouvâmes sur le rivage de cette baie, deux petits villages formés de huit à dix maisons. Ces habitations sont beaucoup plus confortables que celles des Tartares de la baie du Barracouta. Plusieurs ont de dix à quinze mètres de longueur, sur cinq ou six de largeur. Le plancher est élevé d'environ un mètre au-dessus du sol : il y est soutenu, sur les côtés et au milieu, par des colonnes d'une sculpture on né peut plus simple. Ce sont des troncs d'arbres écorcés dont on a eu soin de conserver les plus grosses racines pour avoir une base plus solide; le plancher lui-même, aussi bien que les côtés et les pignons de l'édifice, sont faits avec des troncs d'arbres également écorcés et parfaitement agencés ; quelquefois cette cloison est double et calfeutrée avec des feuilles ou des écorces ; la charpente est formée d'une double série de solives ; des écorces de bouleau reposent sur la rangée inférieure et sont retenues en dessus par la seconde rangée. Sur le devant de la maison, il y a une espèce de *Varanda* de 1 mètre 50 à 2 mètres de large. Pour y monter, on se sert d'un solide escalier qui dénote l'enfance de l'art : c'est un fort morceau de bois dans lequel on a fait de grossières échancrures pour servir de gradins. Sur cette espèce d'amphithéâtre, il y a place pour les personnes et pour les chiens beaucoup plus nombreux que les habitants. Il est orné d'arcs, de flèches et de très-légers traîneaux dont le dessous est garni d'une plaque d'os ou plutôt d'ivoire, car l'un des habitants m'a fort bien expliqué que cette matière provenait des dents de *morse* ou d'un animal marin du même genre.

L'intérieur de la maison est divisé en plusieurs compartiments, qui tous se distinguent par leur obscurité et leur saleté. On y voit quelques vases en écorce de bouleau, de peaux de chien, de chiens marins et d'ours. Les chiens ne manquent pas non plus dans les appartements, d'autres sont attachés sous la maison, ou bien à des traverses de bois installées pour cet usage dans le voisinage de la maison et appelées *anik'n*. Ces chiens sont de taille moyenne;

la couleur du pelage est très-variée ; presque tous ont le museau un peu allongé, et plusieurs sont remarquables par leurs yeux blancs. Ils ne sont ni méchants ni lâches comme les chiens chinois. Ils doivent avoir une grande valeur pour leurs misérables propriétaires, puisque l'un de ces derniers ne voulut jamais en céder un tout petit pour du linge, ni pour du tabac dont ces insulaires sont très-friands. Je présume que ces chiens fournissent des coursiers pour les traîneaux, qu'ils sont employés à la chasse, et qu'après avoir rendu des services à leurs propriétaires pendant leur vie, ils leur fournissent encore des vêtements et une bonne nourriture après leur mort.

Les habitants ont le type chinois : ils conservent tous leurs cheveux longs, arrangés de manière à former une raie sur le milieu de la tête en avant, et, en arrière, une queue épaisse, souvent cette queue est relevée en forme de chignon. Presque tous portent des boucles d'oreille.

Les habits ont beaucoup de rapport avec ceux des Chinois : la veste un peu longue, la ceinture, le pantalon, les cuissards et les bottes avec leurs jarretières sont ordinairement en peau de chien ou de chien de mer. J'ai vu néanmoins une espèce de robe en tissu et un chapeau ou calotte que le propriétaire disait être mandchoux.

Que sont ces habitants ? d'où viennent-ils ? Je crois qu'ils sont Tartares-Mandchoux ; néanmoins je ne puis rien dire de précis. Tout ce que je sais en dehors de l'indication donnée pour les habits, c'est que leur langue ne ressemble ni au japonais, ni au chinois, ni au coréen..... Vous remarquerez que les aspirations sont fréquentes et difficiles.

Les barques, quoique bien simples, n'ont cependant ni la

simplicité ni la solidité des pirogues de la baie du Barracouta : elles se composent de quatre planches minces, dont trois longues pour le fond et les deux côtés, et une petite pour l'arrière. Le devant est si bien ajusté, qu'il y a toujours libre circulation pour l'eau, dès qu'il arrive au mouvement de tangage.

Les hautes montagnes du troisième flanc de la côte de la baie de Joncquières étaient encore couvertes de neige, tandis que les ravins et les nombreux ruisseaux dispersés au milieu des bois épais des collines sur les premiers plans, étaient en plein dégel. Du 12 au 14 juin inclusivement nous eûmes une température moyenne de $+ 11° 7'$ —

Si je pouvais avoir le plaisir d'être avec vous à Paris, je vous raconterais en détail une promenade de plusieurs heures au milieu de ces forêts de sapins et de mélèzes, et vous auriez une idée de l'aspect sauvage de ces contrées. — Si un torrent se présente et vous barre le passage, le pont de pierre ou de fer vous manque ; vous faites, pour me suivre, une ascension dans un chêne ; de ce chêne qui s'incline, vous posez le pied sur un autre planté sur le bord opposé et vous êtes dans les bois. A chaque pas, vous avez à lutter contre l'obstacle que vous présente un petit arbuste assez semblable à la bruyère par son bois et par sa fleur en grelot d'un blanc verdâtre ; ici ce sont des arbres qui vous tombent sur les épaules, si vous les poussez un peu en passant ; là, ce sont des arbres tombés de vétusté qui vous interceptent le passage en avant, à droite et à gauche. Vous vous élancez sur un de ces gros arbres pour vous en servir comme d'un marche-pied, et alors... là comme partout, celui qui s'élève est abaissé, et vous vous trouvez tout étonné de voir votre pied au-dessous du tronc et de sentir votre jambe ou votre cuisse dans un étau. Si, au contraire, vous avez le bonheur de trouver un gradin solide, vous voyez au-dessous et plus loin un joli tapis de mousse verdoyante, vous sautez dessus..... et vous êtes tout ébahi de vous trouver logé dans le corps d'un gros sapin pourri.

Néanmoins ces forêts vous ménagent, de temps en temps, quelque petite surprise ; ici, au lieu de cette sombre verdure de sapins, d'aunes, sur un tapis couvert de mousse et de débris végétaux, vous reconnaissez avec plaisir *l'anémone des bois* avec sa fleur d'un blanc si tendre, le *corydalis*, *l'oxalis* à fleur blanche et *l'eupatorium* à longues feuilles lancéolées. Je ne saurais oublier l'étonnement que j'éprouvai en tombant tout d'un coup dans le haut d'un ravin, dont les petits ruisseaux étaient encore pavés de glace, tandis que la partie supérieure offrait une espèce de parterre orné du *populage* (*caltha*) avec ses larges boutons d'or, et d'une *aroïdée* qui doit s'appeler la *magnifique* à cause de sa belle et grande fleur d'un blanc pur, s'épanouissant au-dessus du sol et au milieu d'un bouquet de grandes feuilles qui se déroulent successivement comme pour la protéger. — J'oubliais de vous faire remarquer que le *groseillier* à fruits rouges ou blancs, en grappes (*castillier*) pourrait bien être originaire de ces contrées (baie de Joncquières et du Barracouta), car il s'y trouve en grande abondance dans les bois et surtout sur le rivage. Je l'ai trouvé fréquemment en fleur à côté d'une espèce de *rosier mousseux* qui commençait à pousser.

En dehors de ces bois, dans le voisinage même des villages, il n'y a aucune trace de culture ; les bœufs, les moutons, les cochons, les volailles paraissent inconnus. On voit seulement quelques *corbeaux*, des *tourterelles*, des *merles*...

Les habitants trouvent sans doute de quoi satisfaire à leur besoins dans le *saumon*, le *hareng*, la *morue*, la *plie* et le *crapaud de mer*, qui se prennent par centaines tout près de leur village, à l'embouchure de la rivière qui le protège.

Les ruisseaux nombreux qui viennent de l'intérieur charrient beaucoup de vase et de débris organiques. Au moment du dégel, les côtes, sur un espace d'environ six milles, fournissent aussi à la mer, par des éboulements, une grande quantité de vase composée d'humus, d'argile et de sable fin.

Dans la partie Nord de la baie, la côte est formée de sable blanc disposé en couches entremêlées de minces zones de sable ferrugineux renfermant des espèces de conglomérats formés de cailloux roulés, réunis dans une pâte ferrugineuse. Plus loin, en allant vers le sud, ce sont des couches d'argile feuilletée, tantôt brune, tantôt ferrugineuse, ou bien des schistes argileux. Vers l'extrémité Sud de la baie, les couches deviennent plus variées à mesure que la hauteur de la côte augmente : on y trouve des filons de houille qui semble être d'une bonne qualité. Ces couches de la partie Sud sont inclinées de 20 à 25 degrés du S.-S.-E., au N.-N.-O., aussi bien que celles du Nord ; elles sont interrompues par d'autres couches verticales. On trouve dans les pierres argileuses de ces couches du bois pétrifié et quelques fossiles. Le temps ne m'ayant pas permis de faire des recherches, je n'ai pu constater que des débris d'une petite *ostracée*, d'un assez grand *peigne*, et d'une autre espèce que je n'ai pu reconnaître.

A la vue des gros morceaux de *charbons de terre* que nous

rencontrions sur la plage, je pensai tout d'abord que des vapeurs anglais étaient venus dans cette baie. Les filons dont j'ai parlé, me firent changer d'opinion et, en furetant, je finis par trouver de nouvelles indications. Au bas d'un petit ravin débouchant sur le rivage, je remarquai des morceaux de houille au milieu des pierres et de la boue entraînées par l'eau. Je grimpai plus haut et j'observai que les morceaux de charbon de terre allaient en augmentant. J'aurais voulu poursuivre mes recherches : l'heure me fit revenir sur mes pas, bien convaincu cependant, d'après ce que je venais de voir, qu'il y avait de riches gisements de *houille* dans l'île Sakalien. — Le lendemain nous mettions à la voile, pour nous rendre à la baie du Barracouta.

Le calme nous a forcés de mouiller dans une grande baie à l'est de l'île *Tsou-Sima* [1]. Nous avons acquis la preuve, dans ce pays dépendant du territoire même des Japonais, que ces insulaires ne sont pas, comme on l'a dit, des hommes barbares et inhospitaliers. Je crois vous l'avoir déjà dit, j'ai constaté à Nagasaki, dans le golfe de Kiousiou, à Hakodadé, comme ici, une aspiration bien marquée du peuple pour les étrangers. Hier matin, une barque du pays s'est approchée de notre frégate. D'abord la crainte la maintenait à distance ; mais la curiosité et quelques signes de notre part la firent accoster. Deux des plus jeunes se risquèrent à monter sur *un bateau comme ils n'en avaient jamais vu* : ils étaient d'une politesse exagérée, leurs yeux n'étaient pas assez grands pour admirer tout ce qui se présentait à leur vue sur notre frégate. Je leur demandai si,

[1] L'île Tsou-Sima est située au N.-O. de l'île de Kiou-siou (Japon) et au S.-E de la Corée, dans le canal qui porte le nom de ce dernier pays. — J. R.

dans leur île, il y avait des légumes, des œufs, de la volaille, des bœufs, des moutons. Sur leur réponse affirmative, je leur dis de s'en aller et de nous apporter de l'eau avec les autres choses ci-dessus mentionnées. Ils descendirent alors dans leur barque et montrèrent à leurs camarades le biscuit, le pain et un vieux jeu de cartes dont on leur avait fait cadeau. Cela donna envie aux vieux de voir aussi la frégate et ses habitants. Les canons et les boulets les étonnèrent et les effrayèrent au point de me demander *s'ils n'étaient point pour eux*.....

Après cette seconde visite, nous en reçûmes un grand nombre d'autres à bord, et dans toutes les barques nous voyions des figures étonnées, mais tout à fait amicales. Les vieilles femmes et les jeunes avec leurs enfants à la mamelle, les jeunes filles et les jeunes garçons, sans en oublier les enfants, tout était dans les barques, faisant le tour du navire à plusieurs reprises pour le bien examiner. Pendant que nous étions en appareillage, dans la soirée, une barque nouvelle accostait la frégate et apportait du bois et de l'eau.

Une des choses les plus curieuses fut le changement subit d'une espèce de petit mandarin, en sortant de son village (appelé *So*), au fond de la baie *Sats'ka* : il vint au-devant de la baleinière du commandant en nous faisant signe de nous éloigner. Au lieu de l'écouter, nous lui dîmes d'aller voir la frégate, et nous continuâmes notre excursion. A notre retour, nous le revîmes sur la frégate; mais cette fois au lieu de penser à nous inviter à nous retirer, il faisait des salutations à droite et à gauche, joignait les mains et poussait des cris d'exclamation à chaque pas. Lorsqu'il se trouva, lui et ses deux compagnons, en face d'une belle glace, il ne sut plus comment se tenir et exprimer ses sentiments.

Une autre espèce de magister de village m'amusa beaucoup. Il ne connaissait en fait d'étrangers que les Américains. A la vue d'un papier sur lequel se trouvaient quelques caractères japonais, il ne put s'empêcher de manifester son étonnement. Mais quand je lui mis sous les yeux le *Tchoung-young* [1], en chinois et en japonais, il ne se posséda plus. Il se mit à parler avec ses camarades, puis il regardait le livre, puis il me regardait en me disant qu'à Tsou-Sima, on n'avait point ces précieux ouvrages. Il me demanda ensuite où je l'avais trouvé, et fut on ne peut plus surpris en apprenant que je l'avais acheté au Japon.

Les visites réitérées de la frégate auront donné une grande idée de la France à ces insulaires, et elles nous ont convaincu, de plus en plus, de la bonne disposition des Japonais pour les étrangers, disposition refoulée par un gouvernement orgueilleux et tyrannique.

Voilà bien, cher monsieur, un aperçu d'un voyage de trois mois, dans des pays presque inconnus.

Dieu veuille bénir nos efforts et seconder nos projets! Bientôt, je l'espère, je vous écrirai du Japon même. Priez pour qu'il en soit ainsi; c'est un devoir d'humanité, de chrétien et d'ami. Aussitôt que je pourrai vous rendre service pour ce qui regarde les livres japonais et les renseignements que vous m'avez demandés, je m'empresserai de le faire, soyez-en sûr.

En attendant, etc.

L. FURET.

Missionnaire apostolique au Japon.

---

[1] C'est-à-dire l'invariabilité dans le milieu, ouvrage de Confucius et de son disciple Tse-sse.

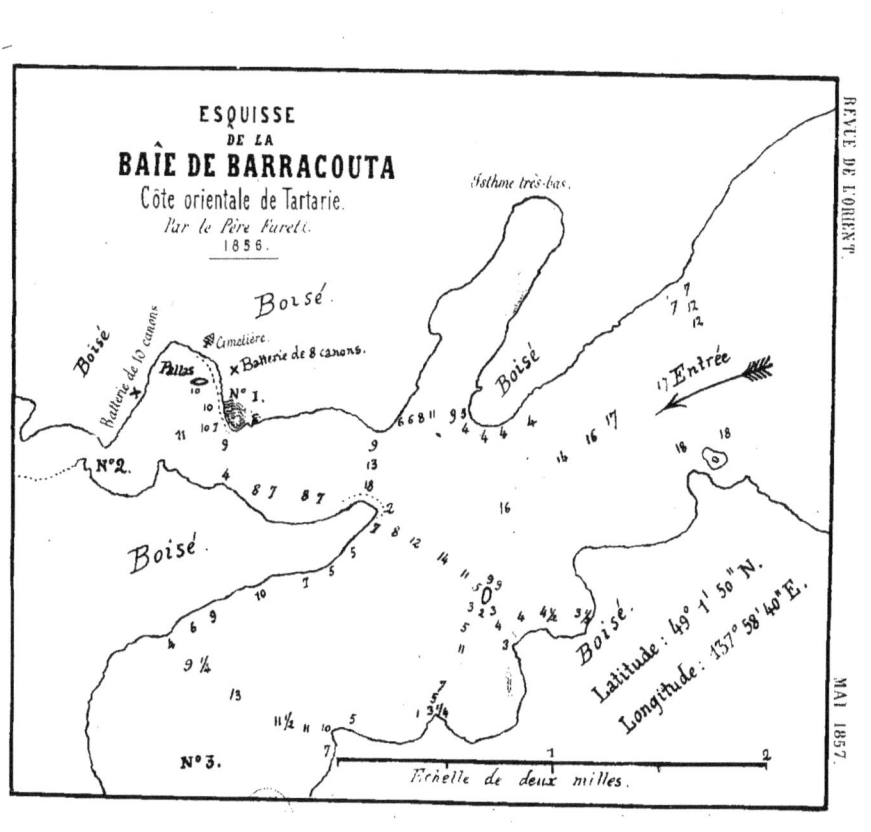

APPEENDICE.

QUELQUES MOTS

DE LA LANGUE DES HABITANTS DE LA BAIE DE JONCQUIÈRES

(Ile Sakalien ou Karafto.)

Le vocabulaire suivant recueilli par le Père Furet de la bouche même des indigènes de la baie de Joncquières et adressé par lui à M. de Rosny, est d'autant plus intéressant qu'il est, jusqu'à ce jour, le seul recueil de mots que nous possédions sur la langue de cette partie presque inconnue de la grande île de Karafto, île qui, comme l'on sait, dépend politiquement de l'empire japonais quant au sud, et de la Chine quant à la partie septentrionale. Il nous paraît utile d'ajouter que ce vocabulaire diffère considérablement de ceux de Yéso, des Kouriles et même de Karafto, donnés par Klaproth dans son *Asia polyglotta*, pag. 504. — J. R.

Un.	*Nioun.*	Bras.	*Tot'.*
Deux.	*Morch.*	Coude.	*Toumouk.*
Trois.	*Tchiortch.*	Main.	*Tomouk.*
Quatre.	*Mourtch.*	Pouce.	*Pilen tougni.*
Cinq.	*Tortch.*	Index.	*Ieskou pish.*
Six.	*'ngak'.*	Doigt du milieu.	*Outou pish.*
Sept.	*'ngameuk.*	Doigt annulaire.	*Mak'torgnes kou pish.*
Huit.	*Minoutch.*	Petit doigt.	*Maktorgne.*
Neuf.	*Nin'hbing.*	Ongle.	*Toukigni.*
Dix.	*Tchirmak.*	Peau.	*Gameutch.*
Homme.	*Nioub'*	Jambes.	*Ouorch.*
Enfant.	*Mats loi*	Pied.	*Goutch.*
Frapper l'enfant.	*Mast'loi-d'jant'.*	Patte.	*Natch.*
Cheveux.	*Tchertch.*	Queue.	*Tchion' gamouk.*
Front.	*Touh'*	Chevrons inférieurs du toit.	*N'gach.*
Yeux.	*Ya.*	Chevrons supér^rs.	*Pagnck.*
Nez.	*Huih'.*	Cheville.	*Kiesch.*
Oreille.	*Gorch.*	Planche.	*Kolomoch.*
Langue.	*H'ilek'.*	Veste de peau.	*Hok, — lentch.*
Dent.	*Gouitdj'.*	Veste de peau de chien.	*Kan hok.*
Joue.	*Gan.*	Pendants d'oreille.	*Mesk.*
Barbe.	*Oup.*		
Poil des mains.	*Goub'tski.*		
Cou.	*Corch.*		

Pantalon	*Pagne.*	Trou	*Kouti.*
Souliers	*Ki.*	Fente	*Pétint'.*
Gant de peau	*Ouamouk.*	Feuille (d'arbre)	*Planck'h.*
Chien	*Kan.*	Roseau	*Tipe.*
Tabac	*Tamouk'.*	Nœud	*Tou*
Pipe	*Tai.*	Nœud de roseau	*Tip'tou.*
Couteau	*Tchako.*	Racine	*Ouots'h.*
Fusil	*Miotché.*	Vase (en écorce)	*Moulok'.*
Bâton à porter	*Tchamoutang.*	Marmite	*Ouangn'.*
Chaîne en fer	*Oudki.*	Traîneau	*Touh'.*
Cuivre	*Tourch.*	Corbeau	*Uess, iiess* (?).
Jarretière en cuir	*Kirch.*	Briser	*Mokhent'.*
Collier (de chien)	*Kouazirof.*	Fumer	*Pakpak.*
Solive	*Hierps'.*	Aboyer	*Ououtch.*
Marteau	*Tabous'*	Mordre	*Loukont'.*
Corde	*Hisk.*	Cracher	*T'faent'.*
Pierre à feu	*Gouck.*	Dormir	*Kotch.*
Pierre	*Pa'hk.*	Racler	*Rakenth'.*
Oiseau	*T'rchath'.*	Gratter	*Hatkavent.*
Amadou (bois pourri)	*Yabarkhch'.*	Frapper	*D'jant'.*
Briquet	*Toutch.*	Trembler de froid	*Ohentch Kourient'.*
Papier	*H'aasol.*	Marcher	*Amamoutk.*
poudre (à fusil)	*H'orchth'.*	Courir	*Kamotch.*
Rame	*Koboun.*	Glisser	*Hiahant.*
Osier	*Nakx.*	Couper	*Koubanth'.*
Ceinture	*iouk bent'.*	Tomber	*Polenth'.*

Paris. — Imprimerie de POMMERET et MONEAU, 17, quai des Augustins.

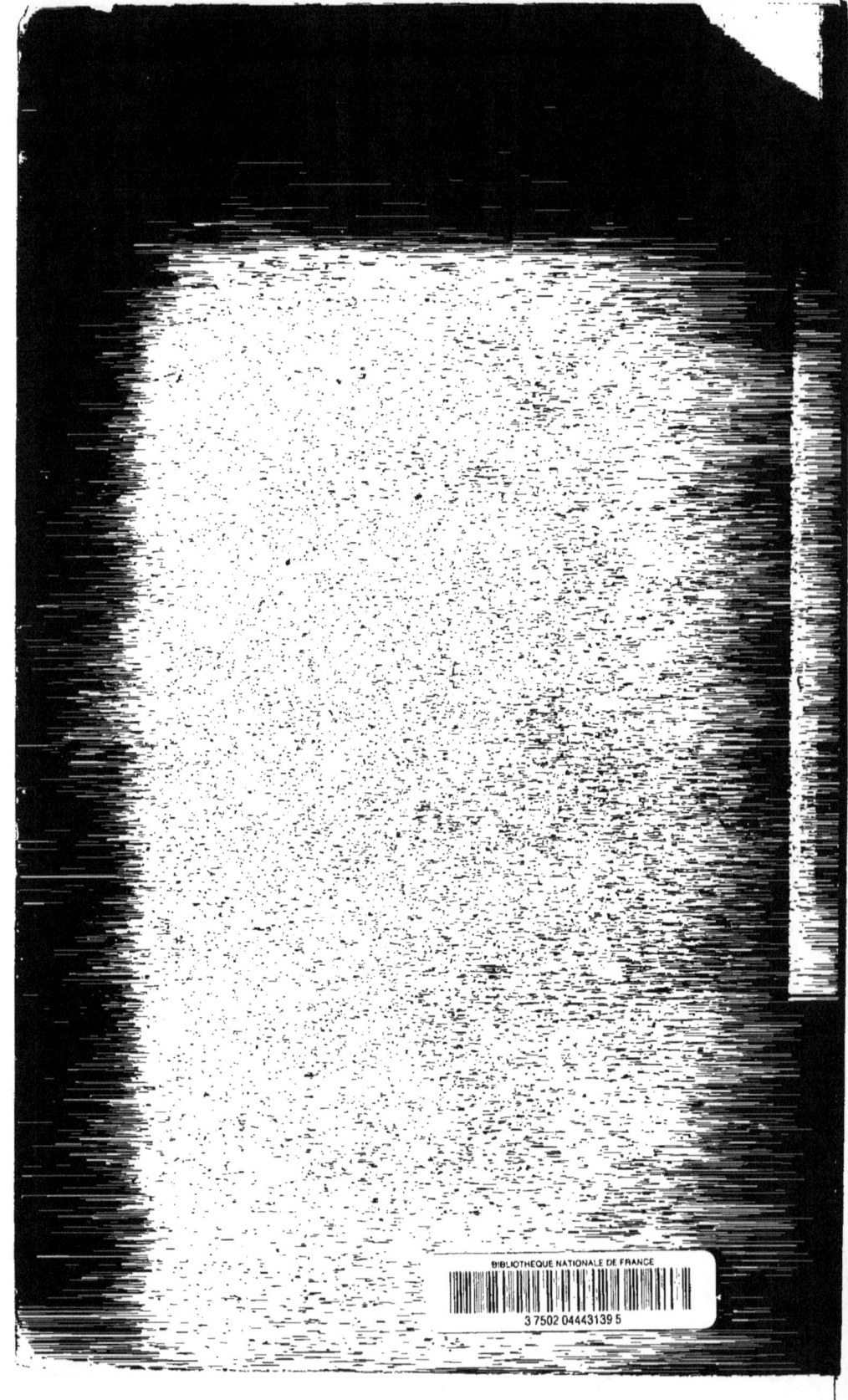

www.ingramcontent.com/pod-product-compliance
Lightning Source LLC
Chambersburg PA
CBHW060514050426
42451CB00009B/976